BEI GRIN MACHT SICH IHR WISSEN BEZAHLT

In-Memory BI Architectures am Beispiel QlikView

Norman Spangenberg

Bibliografische Information der Deutschen Nationalbibliothek:

Die Deutsche Nationalbibliothek verzeichnet diese Publikation in der Deutschen Nationalbibliografie; detaillierte bibliografische Daten sind im Internet über http://dnb.d-nb.de abrufbar.

ISBN: 9783656441618
Dieses Buch ist auch als E-Book erhältlich.

© GRIN Publishing GmbH
Trappentreustraße 1
80339 München

Druck und Bindung: Books on Demand GmbH, Norderstedt Germany
Gedruckt auf säurefreiem Papier aus verantwortungsvollen Quellen

Das vorliegende Werk wurde sorgfältig erarbeitet. Dennoch übernehmen Autoren und Verlag für die Richtigkeit von Angaben, Hinweisen, Links und Ratschlägen sowie eventuelle Druckfehler keine Haftung.

Das Buch bei GRIN: https://www.grin.com/document/215338

Seminar

Large-Scale Data Analytics

Abteilung Datenbanken – Institut für Informatik

Wintersemester 2012/2013

In-Memory BI Architectures

am Beispiel QlikView

25. März 2013

Bearbeiter: Norman Spangenberg

Inhaltsverzeichnis

Abbildungsverzeichnis

Abkürzungsverzeichnis

BI   Business Intelligence

CPU   Central Processing Unit

CRM   Customer Relationship Management

DB   Datenbank

DWH   Data-Warehouse

ERP   Enterprise Ressource Planning

GUI   Graphical User Interface

ODBC   Open Database Connectivity

OLTP   Online Transactional Processing

RAM   Random Access Memory

SSD   Solid State Disk

1. Einleitung

Mit zunehmendem Fortschritt in der Hardware-Technologie entwickeln sich neue Möglichkeiten für Anwendungssysteme, die bis vor einigen Jahren nicht vorstellbar waren. So ist durch die Weiterentwicklung der Speichertechnologie möglich, ganze Datenbanken vollständig im Hauptspeicher zu lagern, statt nur bestimmte Teile, für eine begrenzte Zeit, in einem Puffer zu halten. Es ergibt sich dadurch das Potential, für zunächst in bestimmten Anwendungsszenarien, die Daten nur noch im Hauptspeicher zu halten und nur für Backup und Recovery einen persistenten Speicher zu verwenden. Aufgrund des Geschwindigkeitsvorteil gegenüber den weitverbreiteten Magnetplatten, aber auch moderneren Solid State Disks (SSD), sind Echtzeit-Berechnungen auf viel aktuelleren Daten möglich, als es bisherige Data-Warehouse-Systeme ermöglichen.

Zwar wird es noch einige Jahre dauern, bis auch große Datenbanken mit mehreren Petabyte an Daten, mit vertretbaren Aufwand, in einer In-Memory-DB gespeichert werden können. Doch können spezielle Anwendungen wie Business Intelligence-Tools schon heute größere Datenmengen im Hauptspeicher analysieren. Für viel Aufsehen sorgte dabei in den letzten Jahren vor allem ganze Systeme der großen Software-Anbieter SAP und Oracle. Doch bereits seit Ende der 1990er Jahre wird eine Software entwickelt, die bereits auf Datenauswertungen im Hauptspeicher setzte, als diese nur wenig Kapazität und hohe Kosten hatten.

Diese Arbeit, die im Rahmen der Lehrveranstaltung „Large-Scale Data Analytics" erstellt wurde, betrachtet ein In-Memory-BI-Tool näher – das Produkt *QlikView* der Firma *QlikTech*. Das Ziel war dabei, einen Überblick über die In-Memory-Technik und die damit verbundenen Verfahren zu geben, sowie am Beispiel QlikView zu untersuchen, wie diese in die Praxis umgesetzt wurden.

Dazu wird zu Beginn ein Überblick über die Architektur von Business-Intelligence-Systemen gegeben. Weiterhin werden die In-Memory-Technologie selbst, sowie Methoden die mit ihr in Verbindung stehen erläutert. Anschließend wird die Architektur von QlikView, sowie die innerhalb des Anwendungssystem verwendete Verfahren und Methoden erläutert. Zum Abschluss erfolgt eine Bewertung der untersuchten Software und ein kurzer Vergleich mit ähnlichen Produkten, sowie eine Schlussbetrachtung dieser Arbeit.

2. In-Memory-Business-Intelligence-Systeme

Als Business-Intelligence-System wird ein Anwendungssystem verstanden, das zur Entscheidungsunterstützung in Unternehmen verwendet wird. Es besteht aus einer „physischen Datenbank, die eine integrierte Sicht auf beliebige Daten zu Analysezwecken ermöglich"[BG09].

Eine Datenbank wird als In-Memory-Datenbank bzw. als Hauptspeicherdatenbank bezeichnet, wenn sämtliche Datenobjekte im Primärspeicher gehalten werden. Wenn die Daten vollständig im Hauptspeicher liegen, bringt das besondere Vorteile in den Verarbeitungs- und Zugriffszeiten mit sich. Um diese Möglichkeiten ausnutzen zu können, reicht es nicht aus die Daten im RAM statt auf HDDs zu speichern. Vielmehr müssen diverse Änderungen an bisherigen Datenbank-Systemen durchgeführt werden, welche später erläutert werden. Dabei ist zu unterscheiden, in welchem Kontext das System später verwendet werden soll. Eine der Möglichkeiten ist, dass die In-Memory-Datenbank für Analysezwecke genutzt wird. Charakteristisch für diese Form der Anwendung sind viele – häufig sequentielle – Lesezugriffe, in denen die Daten auf Muster untersucht, oder Analysen von Geschäftsdaten erstellt werden. Daneben gibt es transaktionsorientierte Daten-banken, die im Gegensatz dazu, weniger Leseoperationen ausführen und stattdessen wesentlich häufiger Einfüge- und Änderungsoperationen auf Daten ausführen[BG09].

Durch die Kombination der In-Memory-Technik mit einem Business-Intelligence-System, ist es möglich Realtime- bzw. Near-Realtime-Systeme zu erstellen, die dem Anwender Berechnungen, Analysen und Information der aktuellsten Daten liefern. Dies stellt einen großen Vorteil gegenüber herkömmlichen Systemen dar, deren Informationen auf vor längerer Zeit berechneten Aggregaten beruhen.

2.1. Architektur von Business-Intelligence-Systemen

Neben der bereits erwähnten physischen Datenbank, oft auch als Data-Warehouse-System bezeichneten Komponente, besteht ein BI-System aus einer Integrations- und einer Analysekomponente.

Data-Warehouse-System

Im Data-Warehouse-System befinden sich alle Daten, die für den *Data-Warehousing-Prozess* nötig sind. Wie in Abbildung 1 zu sehen ist, wird zwischen dem Datenbeschaffungs-, dem Auswerte- und einem Managementbereich unterschieden.

Im Managementbereich erfolgt die Steuerung und Überwachung des *Data-Warehousing-Prozess* und aller beteiligten Komponenten im DWH-System. So wird vom DWH-Manager bspw. die Extraktion der Daten aus den Quellen initiiert. Der Auslöser ist dabei ein bestimmtes Ereignis, z.b. eine Datenänderung, ein abgelaufener Zeitintervall oder eine explizite Datenanforderung. Weiterhin werden in diesem Bereich Metadaten, über den Metadaten-Manger und das zugehörige Repository verwaltet. Das betrifft Informationen über die Datenschemata, Speicherinformationen und Zugriffsrechte, aber auch über Prozesse und Systeme des DWH oder mit diesem verbundener Systeme.

Die Datenbeschaffung ist der erste Schritt des *Data-Warehousing-Prozess*. Hier werden die Daten aus den Quellsystemen geladen und anschließend transformiert. Das bedeutet, die extrahierten Daten werden an die Bedürfnisse des DWH angepasst. Beispielsweise muss bei Daten aus heterogenen Datenquellen ein gemeinsames Datenschema, sowie u.a. einheitliche Datentypen, Kodierungen und Datumsangaben gefunden werden. Außerdem werden in dieser Phase die Daten konsolidiert. Das bedeutet, statt jeden Datensatz aus den Quellen zu übernehmen, können bestimmte Daten zu Aggregaten zusammengefasst werden. Nach Abschluss der Transformation werden die Daten in den Auswertebereich überführt, was auch *Laden* genannt wird. Dieser Ablauf wird häufig als ETL-Prozess (Extraktion-Transformation-Laden) zusammengefasst.

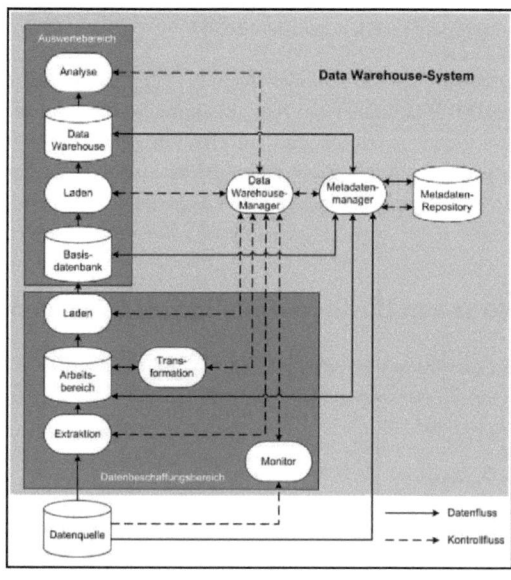

Abbildung 1: Referenzarchitektur für Data-Warehouse-Systeme[BG09]

Im Auswertebereich werden die Daten zunächst in die sogenannte Basisdatenbank überführt. Diese stellt – zumindest theoretisch – „eine integrierte Datenbasis für Analysen dar und hat somit eine zentrale Verteilungsfunktion"[BG09]. Jedoch findet man diese in der Praxis eher selten, da sie zusätzlichen Aufwand an Kosten darstellt. Die für das DWH-System namensgebende Komponente, ist die Data-Warehouse-Datenbank. In ihr sind die für die Analysen notwendigen Daten gespeichert, meist in einem multidimensionalen Datenmodell. Um schnellere Anfragen und höheren Datenschutz zu gewährleisten, werden die Daten in *Data Marts* gelagert. Diese stellen einen spezifischen Ausschnitt des DWH bereit. Meist wird dabei die Trennung anhand der funktionalen Organisationsstruktur eines Unternehmens vorgenommen. Dadurch erhöht sich allerdings auch die Komplexität der Transformationen, sowie entstehen weitere Redundanzen und Konsistenzprobleme[BG09].

Analyse

Diese Komponente soll die gesammelten Daten in einer geeigneten Weise präsentieren und interaktive Navigations- und Analysemöglichkeiten bieten. Dabei wird zwischen mehreren Komplexitätsstufen, die bei der Auswahl von Analysewerkzeugen beachtet werden müssen, unterschieden. Die einfachste Stufe stellen einfache Abfragen und Berichte dar, in denen nur einfache arithmetische Operationen erfolgen. Etwas komplexer sind OLAP-Analysen, in denen Daten in mehreren Dimensionen dargestellt werden. Damit ist es dem Anwender möglich, in kurzer Zeit zwischen verschiedenen Detail-Stufen und Perspektiven zu wechseln. Ein Beispiel ist die Darstellung des Jahresumsatzes anhand der Dimensionen Zeit, Ort und Produktgruppen in denen sich der Nutzer frei bewegen kann. Die schwierigste Form der Analyse ist das *Data Mining*. Die Daten werden hier – im Gegensatz zu den anderen Verfahren – auf bisher unbekannte Muster und Zusammenhänge untersucht. Dabei kommen Methoden aus der Statistik und des maschinellen Lernens zum Einsatz, wie Cluster- und Assoziationsanalysen[BG09]. Nicht zu vernachlässigen ist die ansprechende Visualisierung der Ergebnisse für den Endnutzer. Denn nur wenn die Informationen ausreichend schnell und benutzerfreundlich angezeigt werden, wird der Anwender das System nutzen und akzeptieren. Damit die Geschwindigkeit der Auswertungen erhöht wird, erfolgen immer häufiger der Einsatz von In-Memory-Datenbank und die Ausnutzung von paralleler Verarbeitung durch Mehrkernprozessoren[Pl09].

Integration

Unter diesem Punkt wird nicht nur die Integration der Daten aus den Quellsystemen in das DWH-System verstanden. Es kommt bei einem Business-Intelligence-System auch die Integration von Anwendungen, Prozessen und Technologien anderer Systeme hinzu. Technisch realisiert werden die Schnittstellen zu den Datenquellen mit standardisierten Treibern, falls strukturierte Daten in Form einer Datenbank zugrunde liegen. Sehr weit verbreitet ist der ODBC-Treiber (*Open Database Connectivity*), der von Microsoft entwickelt wurde.

2.2. Grundlagen der In-Memory-Technik

Wie bereits angedeutet, hat sich in den letzten Jahren die Hardware-Technologie beständig weiterentwickelt. Das Moore'sche Gesetz hat sich bis heute als richtig bewiesen, was bedeutet, das sich die Komplexität integrierter Schaltkreise alle 1-2 Jahre verdoppelt. Das Ergebnis dieser Entwicklung ist u.a. die beständige Erhöhung der Kerne in CPUs, aber auch das Wachstum der Kapazität von Halbleiterspeichern – unter gleichzeitig stagnierenden Kosten für diese Komponenten. Eine Ausnahme in dieser Entwicklung stellen Festplatten dar. Zwar wuchs die Speicherdichte – und somit die Kapazität der HDDs – noch schneller als bei integrierten Schaltkreisen. Aber die Zugriffszeiten haben sich innerhalb eines Jahrzehnts nur um ca. 10% verbessert. Dadurch entwickelte sich der Extern-Speicher immer mehr zum schwächsten Glied der Architektur und machte neue Technologien erforderlich. Die Alternative zum Extern-Speicher befindet sich in der Speicherhierarchie nur eine Stufe weiter oben und heißt Hauptspeicher[Ra99]. Mit dem Wachstum der Kapazität ist man mittlerweile in der Lage, durch Server-Cluster, mehrere Terabyte große Datenbanken mit dutzenden von CPU-Kernen zu verarbeiten. Extern-Speicher wird dadurch allerdings nicht überflüssig, sondern dient als persistenter Speicher, da diese Eigenschaft vom Hauptspeicher nicht erfüllt werden kann. Damit inbegriffen sind auch Funktionen für Backup und Recovery der Daten[PZ12].

Mit der In-Memory-Technik sind keine Zugriffe auf externe Speichermedien mehr nötig. Lange Positionierungs- und Ladezeiten, sowie niedrige Übertragungsgeschwindigkeiten – von der HDD über den RAM zur CPU – fallen dadurch weg. Diese machen einen Großteil des Datenbeschaffungs- und Analyseprozesses aus[Ra99]. Zum anderen reduziert sich die Komplexität der Datenbanksysteme. Das ist darin begründet – ausgehend von den etablierten Schichtenmodellen für Datenbanksystem – das eine bzw. mehrere Schichten, durch die nicht mehr nötigen Zugriffe auf Speichersysteme, entfallen können (diese Komponenten werden aber bei den Datenquellen weiterhin benötigt). Weiterhin sind keine Datenbankpuffer, sowie Schnittstellen für Dateien und externe Geräte mehr notwendig[Ra99].

2.3. Zeilen- und spaltenorientierte Datenbanken

In Transaktions- und Analyse-Systemen werden die Daten häufig unterschiedlich angeordnet. In zeilenorientierten DBs werden die Attribute eines Datensatzes nacheinander abgespeichert. Diese schreiboptimierte Form der Speicherung wird meist in transaktionalen Systemen (OLTP) verwendet. Einfüge-Operationen werden dabei fortlaufend gespeichert und alle Attribute können mit einem Zugriff gelesen werden. Als nachteilig stellt sich diese Organisation bei großen Lesezugriffen heraus. Wenn bspw. für eine Berechnung nur eine Spalte eines Tupel benötigt wird – diese aber aus mehreren Millionen Datensätzen – sind viele Zugriffe nötig[Pl09].

In spaltenorientierten DB-Systemen werden die Datensätze leseoptimiert angeordnet. Da viele Leseoperationen darauf abzielen, Datensätze anhand der Werte einer oder mehrerer Spalten auszuwählen, ist es effizienter das Tupel aufzubrechen und die Attribute einer Spalte nacheinander zu speichern. Die Zuordnung der Attribute zu einem Datensatz erfolgt über Indizes. Nachteil dieser Anordnung ist, dass bei Abfragen in der alle Attribute eines Datensatzes nötig sind, diese nicht mehr nacheinander im Speicher liegen. So muss über die Indizes – mit mehreren Zugriffen – ein zusammengehörender Datensatz erstellt werden (siehe Abbildung 2).

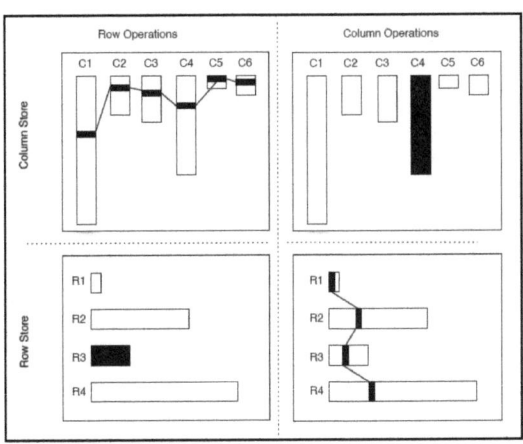

Abbildung 2: Datenzugriff bei zeilen- bzw. spaltenorientierte Speicherung[Pl09]

2.4. Datenkompression mit Data Dictionaries

Mit dem *Data Dictionary* werden gleich zwei Zielstellungen verfolgt. Durch die Zuordnung von IDs zu konkreten Attributwerten lassen sich Redundanzen innerhalb der Daten dazu nutzen, um diese zu komprimieren. Statt mehrmals den gleichen Attributwert in den Tabellen zu speichern, wird nur eine Referenz auf den zugehörigen Eintrag des Data Dictionaries gespeichert. Dieses Verfahren wird bei Attributen verwendet, die Zeichenketten speichern, da diese damit stark komprimiert werden können. Da jedes Zeichen einer Zeichenkette ein Byte an Speicherplatz belegt, benötigt beispielsweise ein Attribut mit einer Länge von 30 Zeichen auch 30 Byte. Ohne *Data Dictionary* verbraucht jeder Datensatz 30 Byte, für eine Tabelle mit einer Millionen Einträgen sind das 30 Megabyte. Angenommen das Attribut speichert die Bundesländer Deutschlands ab, reicht ein *smallint*-Attribut mit 2 Byte um diese in einem Wörterbuch zusammenzufassen. Für das Data Dictionary würden nur 512 Byte benötigt – 16mal die 30 Byte pro Bundesland, sowie 16mal die 2 Byte für den *Identifier*. Und für eine Million Datensätze würden zwei Millionen Byte, also zwei Megabyte benötigt. Das führt zu einer Reduzierung des Datenaufkommens ungefähr um den Faktor 15. Der zweite Vorteil der durch ein Data Dictionary entsteht ist die gleiche Länge der Attribute. Eine Tabelle die zu einem großen Teil aus Zeichenketten besteht, hat die Eigenschaft, dass jeder Datensatz eine unterschiedliche Länge besitzt. Wenn das Data Dictionary-Verfahren auf die gesamte Tabelle angewendet wurde, ist man anschließend in der Lage die Position eines Attributes des Datensatzes im Speicher zu berechnen, da jedes Tupel die gleiche Länge besitzt. Das ist dann besonders hilfreich wenn eine Leseoperation auf einer Spalte ausgeführt wird, bspw. um eine Berechnung durchzuführen[PZ12]. In Abbildung 3 ist das Prinzip des Data Dictionary beispielhaft dargestellt. Auch für die Spalte „Nachname" könnte noch eine weitere Wörterbuch-Tabelle angelegt werden, um die Kompression weiter zu erhöhen.

Abbildung 3: Vergleich ohne(links) und mit(rechts) Data Dictionary

3. QlikView – Architektur, Technologie, Anwendung

Die Software QlikView ist vom Unternehmen QlikTech entwickelt worden. Die Ursprünge des Unternehmens liegen dabei in der schwedischen Stadt Lund, wo die Firma 1993 gegründet und mit der Entwicklung von QlikView begonnen wurde. Mittlerweile wurde der Firmensitz in die USA verlegt, genauer gesagt nach Radnor, Pennsylvania. Die Zielstellung bei der Entwicklung war, eine BI-Software zu erschaffen, die über eine ausgesprochen hohe Benutzerfreundlichkeit verfügt und den Anwendern die Entscheidungsfindung erleichtert. Die Besonderheit im Meer der BI-Tools war dabei, das die zu analysierenden Daten vollständig im Hauptspeicher zur Verfügung stehen sollten. Mit diesem Ansatz hat es das Unternehmen geschafft mittlerweile 26000 Kunden weltweit mit ihrer Software zu erreichen und auf eine Größe von über 1300 Mitarbeitern zu wachsen[QVa]. Im Vergleich zu anderen Branchengrößen im Bereich der BI-Tools ist das eine relativ kleine Zahl, trotzdem ist das Unternehmen laut dem *Gartner Magic Quadrant* als einer der Marktführer ausgewiesen. In diesem Bereich konkurriert es mit SAP, Oracle und Microsoft, die um ein vielfaches größer sind. QlikView kann sich dort vor allem durch seine Funktionalität behaupten, in dem es überdurchschnittliche Bewertungen vor allem im Bereich der Daten-Visualisierung bekommt[Ga12].

3.1. Komponenten der Architektur

Die Software besteht aus mehreren Komponenten, die zwar physisch unabhängig voneinander sind, aber nur gemeinsam ein Ergebnis für den Nutzer erbringen können. Im folgenden Abschnitt werden die drei Bestandteile (siehe Abbildung 4) näher erläutert.

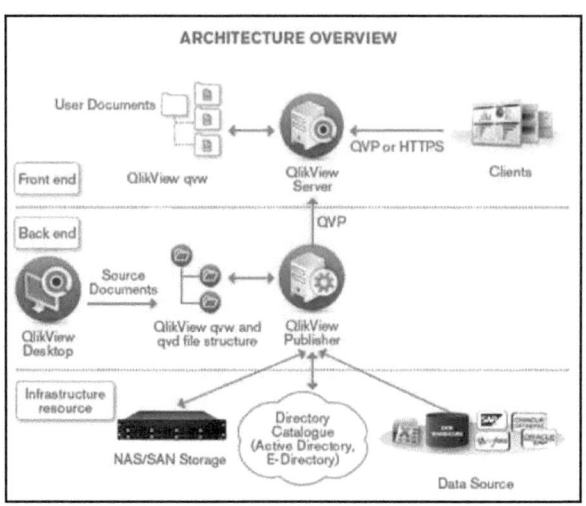

Abbildung 4: Architektur-Überblick mit Komponenten und Beziehungen[QV11a]

QlikView Developer bzw. Desktop

Der QlikView Developer (früher Desktop genannt) ist eine Software für das Betriebssystem Microsoft Windows und dient zur Erstellung der Datenmodelle und des GUI-Layouts für die QlikView-Applikationen. Mit Applikationen sind die Kombination aus Datenmodell und Layout gemeint, auf die der Nutzer zugreift und seine Analysen vollzieht. Um diese zu erstellen, schafft er zunächst über sogenannte *Connection Strings* eine Verbindung zu den Quellsystemen, aus denen die Daten bezogen werden sollen. Um das Datenmodell zu erstellen werden aus den Quellsystemen die benötigten Daten ausgewählt – eventuell noch transformiert – und zwischen den Daten Beziehungen hergestellt[QV11a].

Zur Visualisierung der Daten stellt der Desktop-Client eine Palette an unterschiedlichen Diagrammen, Dashboards und weiteren Darstellungsformen zur Verfügung. Diese können per *Drag&Drop* zu einer GUI zusammengefügt werden. Aus Datenmodell und Layout wird eine QVW-Datei (QlikView-File) erstellt, die nach Abschluss der Entwicklung im *QlikView Publisher* gespeichert wird[QV11a].

Aufgrund dessen das für die Erstellung der Applikationen kaum Programmierkenntnisse nötig sind, können – neben spezialisierten Datenbank-Entwicklern – auch die eigentlichen Nutzer der Anwendung, wie Business-Analysten, die Anwendungen erstellen. Das unterscheidet QlikView stark von anderen Tools zur Datenanalyse, die zwar auch gute Anfragesprachen und Analysefunktionen bereitstellen, aber keine Möglichkeiten bieten, einfach und schnell kleine Reports zu erstellen. Für unerfahrene Nutzer ist es sehr einfach Reports zu generieren, in denen Daten ohne große Transformationen aus Quelle geladen werden. Zu Beginn ist dann nur eine große Liste mit Daten, die über die verschiedenen Dimensionen beliebig reduziert werden kann. Den Code zur Generierung der Abfragen, erstellt QlikView von selbst. Sobald Daten aus mehreren Quellen in einer Anwendung analysiert werden sollen, sind Kenntnisse nötig, die vermutlich nur Nutzer mit Erfahrungen in Skript- und Datenbanksprachen besitzen. In Abbildung 5 kann man die Analyse-Operationen sehen, die der QlikView-Developer standardmäßig bereitstellt.

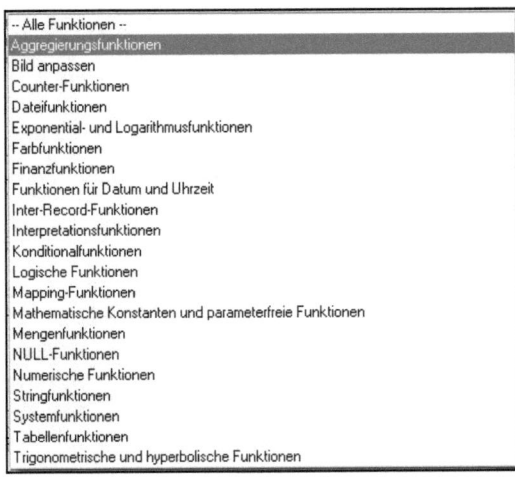

Abbildung 5: Analyse-Operationen von QlikView (Screenshot)

QlikView Server

Dieser beinhaltet die Ressourcen für die Speicherung und Auswertung der Daten. Also den Hauptspeicher in dem die auszuwertenden Daten gespeichert werden, sowie die CPUs die die Berechnungen, Auswertungen und Visualisierungen auf den Daten ausführen. Daneben liegen in dieser Komponente die Funktionalitäten, die für die Kommunikation mit den Endgeräten (bspw. Client-Anwendung, Browser, mobile Endgeräte) sorgt und die zentrale Administrationsumgebung für das System. In dieser können Sicherheitseinstellungen und Nutzerberechtigungen (über Directory-Dienste) konfiguriert werden[QV11a].

Während der Ausführung einer Applikation werden außerdem bestimmte Nutzer- bzw. Session-Daten auf dem Server gespeichert. Dazu gehören bspw. auch innerhalb einer User-Session bereits berechnete Aggregate, die anschließend wiederverwendet werden können[QV11b].

QlikView Publisher

Die Hauptaufgabe dieser Komponente ist das Verbinden zu den Quellsystemen und anschließend das extrahieren bestimmter Daten aus diesen, um es den Applikationen zu Verfügung zu stellen. Bevor die Daten dem Nutzer zur Verfügung gestellt werden, prüft der Publisher anhand der Konfiguration die im QlikView Server vorgenommen wurde, ob der Nutzer über die nötigen Zugriffsrechte für die angeforderten Daten verfügt[QV11a]. Die im Developer bzw. Desktop erstellten QVW-Dateien werden auf dem Publisher gespeichert. Daneben existieren auch QVD-Dateien, die ausschließlich aus Daten bestehen und benutzt werden um historische Daten der Quellsysteme im Publisher zu speichern und nur neu hinzugekommene bzw. aktualisierte Daten zu laden[QV11b].

In einer verteilten QlikView-Installation – mit mehreren QlikView Servern – ist der Publisher für die Verteilung von Daten und Applikationen zu den richtigen Server-Instanzen, sowie für das *Load Balancing* zuständig[QV11c]. Bei der Planung einer Installation sollte bedacht werden, dass Server und Publisher einen unterschiedlichen Umgang mit den Ressourcen haben. Der Publisher benötigt für jeden Ladeprozess einen gesamten CPU-Kern und lastet diesen vollständig aus. Bei mehreren gleichzeitigen Ladevorgängen bedeutet das unter Umständen, die vollständige Auslastung des Servers. Der QlikView Server dagegen benötigt für seine Berechnungen nur wenige Zyklen der CPU, je nach Anzahl und Aktivität der Nutzer in längeren oder kürzeren Intervallen. Deshalb ist es sinnvoll beide Komponenten auf separaten physischen oder virtualisierten Maschinen zu betreiben[QV11b].

Gemeinsamkeiten und Unterschiede mit Business-Intelligence-Systemen

Eine Gemeinsamkeit mit üblichen Business-Intelligence- bzw. Data-Warehouse-Systemen stellt das verwendete Datenmodell dar. Hier kommt ein multidimensionales Datenmodell zum Einsatz, welches typisch für OLAP-Systeme ist. Um dieses Modell konkret umzusetzen, wird in QlikView das *Star-Schema* verwendet[DB10]. In diesem Schema werden die Daten in einer Fakten- und mehreren Dimensionstabellen gespeichert. Die Faktentabelle ist vollständig normalisiert und beinhaltet jeweils eine Relation zu den Dimensionstabellen. Die Dimensionstabellen sind stattdessen denormalisiert, um schnellere Anfragen zu erstellen, indem weniger Verbundoperationen benötigt werden[BG09].

Im Unterschied zur Referenzarchitektur von DWH-Systemen ist weder eine Basisdatenbank, noch ein Data-Warehouse als Zwischenspeicher implementiert. Zwar können diese als Quellsystem mit eingebunden werden, sind aber nicht zur Architektur zugehörig. Eine ähnliche Funktion wie Data Marts haben die QlikView-Applikationen. Sie beinhalten die für eine bestimmte Gruppe – bspw. eine Abteilung – freigegebenen Daten. Allerdings werden diese nicht im QlikView-System gespeichert, sondern – auf Anforderung vom Nutzer – aus den Quellsystemen geladen, anschließend transformiert und dem Anwender visualisiert zur Verfügung gestellt.

Ein entscheidender Unterschied ist die Speicherung von Aggregaten. In QlikView werden keine materialisierten Sichten gespeichert. In diesen Sichten werden Anfrageergebnisse – hauptsächlich von Aggregaten – gespeichert, um das Gesamtsystem von aufwändigen Berechnungen zu entlasten[BG09]. Stattdessen werden in QlikView solche Anfragen „On-the-Fly", das heißt zur Anfragezeit berechnet[QV11b].

Auch bei der Integration der Daten setzt QlikView auf die „On-the-fly"-Methodik. In diesem Kontext bedeutet das, dass die Daten aus dem Quellsystem extrahiert und dann sofort transformiert werden, ohne in einem Data-Warehouse zwischengespeichert werden. Dieses Prinzip nennt man virtuelle Datenintegration [LN06]. Im Gegensatz dazu werden bei der physischen bzw. materialisierten Datenintegration die Daten aus den verschiedenen Quellsystemen geladen und transformiert und dann in einer eigenen Datenbank (Data-Warehouse) gespeichert, wo sie später analysiert werden können. Beide Varianten haben ihre Vor- und Nachteile. Bei virtueller Integration spielen die aktuelleren Daten sowie der Wegfall zusätzlicher Hardware für ein DWH eine große Rolle. Allerdings sind durch die materialisierte Integration aufwändiger Analysen möglich, da mehr Zeit zur Verfügung steht. Außerdem können die Datenqualität und die Antwortzeit von Anfragen verbessert werden, da mehr Zeit für Optimierungen und Transformationen zu Verfügung stehen[LN06].

3.2. Verwendete Technologien

Wie bereits erwähnt ist QlikView ein BI-Tool welches sich der In-Memory-Technik bedient. Das bedeutet, dass alle zu analysierenden Daten im Hauptspeicher des bzw. der QlikView-Server liegen. Das ist ein weiterer grundlegender Unterschied zu den meisten Business-Intelligence-Anwendungen, die in der Regel darauf ausgelegt sind, die Daten in Teilen – aus sogenannten *Data Marts* – in den Hauptspeicher zu ziehen, dort diverse Berechnungen und Aktionen auszuführen und nach Abschluss neue Daten von den HDDs in der Hauptspeicher zu laden[BG09].

Im Gegensatz zum Konkurrenzprodukt *SAP HANA* werden die Daten weiterhin zeilenorientiert gespeichert. Der für die Software-Architektur verantwortliche Entwickler Håkan Wolgé sagt dazu:

„QlikView is somewhere in between columnar and record-based.
We're neither, and we're both. Our records are indices into "symbol
tables" (what many people call data dictionaries).(...)"[Dr10]

Das bedeutet, dass die Daten nach der Extraktion aus den Quellsystemen (meist OLTP-Anwendungen) ihre ursprüngliche zeilenweise Speicherung beibehalten. Allerdings werden die Daten, wie in Punkt 2.1. erläutert, mittels eines Data Dictionary komprimiert.

Eine der Werbebotschaften die man von *QlikTech* oft hören und lesen kann ist, das im Gegensatz zu anderen BI-Tools, die angezeigten Daten und Berechnungen hochaktuell sind[QV11a]. Das wird dadurch erreicht, dass die Daten bei Aufruf einer QlikView-Anwendung aus den Quellsystemen geladen werden können bzw. in regelmäßigen Intervallen aktualisiert werden[QV11b]. Damit das auch ausgenutzt werden kann, werden Berechnungen die innerhalb einer Anwendung ausgeführt werden sollen „on-the-fly" berechnet. Das heißt es gibt keine gespeicherten Aggregate, sondern alle Kalkulationen werden zur Ausführungszeit berechnet[QV11a]. Das bringt den Vorteil gegenüber üblichen BI-Anwendungen, dass bspw. Berechnungen von Geschäftsdaten wesentlich aktueller sind. Die Nachteile dieses Vorgehens sind, dass die gleiche Berechnung mehrmals ausgeführt werden muss, was zu einer höheren Belastung der CPU führt. Und um die Daten ständig aktuell halten zu können, müssen immer wieder Lade-Vorgänge aus den Quellsystemen durchgeführt werden, was diese zusätzlich belastet. Um diese Nachteile zumindest ein wenig abzumildern, werden in einer Nutzer-Sitzung bereits durchgeführte Berechnungen in einem Cache zwischengespeichert und können damit wiederverwendet werden. Damit auch die Leistung moderner Hardware optimal ausgenutzt werden kann, unterstützt QlikView die parallele Verarbeitung von Anfragen und Berechnungen[DB10]. Im Unterschied zum gleichzeitigen Ausführen mehrerer Threads, was bei OLTP-Anwendungen im Vordergrund steht, heißt das, dass einzelne Rechenoperationen oder Verbundoperationen auf mehrere CPUs aufgeteilt werden können. Gerade komplexe Berechnungen auf großen Datenmengen profitieren davon sehr stark, da mit zunehmender Anzahl der CPU-Kerne linear die Bearbeitungszeit für eine Berechnung abnimmt[QV11b].

3.3. Betriebsmodelle im Vergleich – on-Premise vs. Cloud

Neben der üblichen Variante alle Komponenten der QlikView-Architektur auf Hardware im eigenen Unternehmen zu betreiben, besteht natürlich auch die Möglichkeit diese auf Hardware bei einem Cloud-Provider zu betreiben. Dabei sind allerdings einige Punkte zu beachten, auch was Risiken des Cloud Computing im

Allgemeinen betrifft. Doch auch bei der Planung einer Installation auf eigener Hardware sind einige Punkte zu beachten.

QlikView als on-Premise-Installation

Die große Gefahr die bei einer Installation besteht ist, die benötigten Ressourcen falsch einzuschätzen. Um diese ungefähr berechnen zu können ist es nötig, sich die Abläufe innerhalb der Anwendung anzuschauen. Nach dem Aufruf einer QlikView-Applikation durch einen Nutzer wird eine Verbindung zu den Quellsystemen hergestellt und die angeforderten Daten komprimiert in den Hauptspeicher des QlikView-Servers geladen. Dies geschieht für eine geöffnete Anwendung einmalig. Das heißt, wenn ein weiterer Nutzer die gleiche Anwendung aufruft wird diese nicht neu und doppelt im Hauptspeicher abgelegt, sondern die beiden Nutzer greifen auf den gleichen Speicherbereich zu. Je nach konfiguriertem Aktualisierungsintervall kann das zu dem Problem führen, das die Daten im Hauptspeicher schon mehrere Stunden dort abgelegt sind und deshalb nicht mehr hochaktuell sind. Dazu muss aber immer mindestens ein Nutzer in einer Anwendung arbeiten, da nach dem schließen die Daten nicht mehr im Hauptspeicher liegen. Das ist abhängig von einem zu definierenden Timeout-Intervall, nach dessen Ablauf der Speicher wieder freigegeben wird. Außerdem kann ein niedriges Aktualisierungsintervall eingestellt werden, was aber dazu führt das die Quellsysteme mit zusätzlichen Leseoperationen belastet werden. Da die Nutzer auf den gleichen Datenmengen unterschiedliche Operationen ausführen können und wie bereits genannt keine Aggregate vorberechnet und gespeichert sind, ist für jeden User ein Speicherbereich notwendig, in dem Informationen über die jetzige Sitzung (Session) gespeichert sind. In diesem werden Statusinformationen über die Session gespeichert, wie bspw. die User-ID und Timeout-Intervalle. Außerdem werden Ergebnisse bereits ausgeführter Berechnungen in einem Cache zwischen-gespeichert, um bei Bedarf wiederverwendet werden zu können[QV11b]. Das hat den Vorteil, dass die CPU entlastet wird, da nicht zweimal die gleiche Berechnung durchgeführt werden muss. Allerdings besteht der Nachteil, dass an dieser Stelle nun doch Aggregate gespeichert werden, und somit nicht jede Berechnung „on-the-fly" ausgeführt wird. In kleineren Installationen mit wenigen Nutzern und nur wenigen QlikView-Applikationen sollte das kein großes Problem darstellen. Die Entwickler geben zur Berechnung des nötigen RAMs ein Schema vor, welches auch Abbildung 6 zeigt. Mit *Binary Index* ist in dieser Abbildung ein anderer Ausdruck für den Index bei der Wörterbuch-Kompression gemeint. Die nötigen Ressourcen pro Applikation und User-Session sind dagegen abhängig vom Volumen der zu analysierenden Daten und können deshalb nicht pauschal beziffert werden. Wenn beispielsweise fünf Gigabyte Daten aus den Quellsystemen extrahiert werden, benötigen diese – mit einer angenommenen niedrigen Kompressionsrate der Daten um den Faktor 5 – im Hauptspeicher einen Gigabyte Hauptspeicher. Falls mehrere Nutzer gleichzeitig in der Applikation tätig sind, sollte für jeden 10% der Menge der Rohdaten für seine User-Session vorgehalten werden[QV11b]. Bei 10 gleichzeitig zugreifenden Nutzern ergibt

14

das nochmals einen Gigabyte an RAM. Da in den Unternehmen mehr als nur eine QlikView-Applikation verwendet wird und mehrere Nutzer parallel auf diesen arbeiten, können die Anforderungen schnell steigen. Weiterhin kann es auch vorkommen, dass eine Applikation mehr Daten analysiert oder auch eine niedrigere Kompressionsrate erzielt wird.

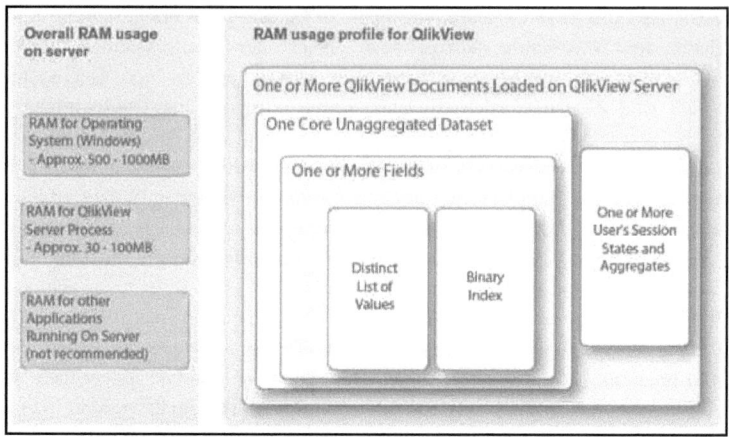

Abbildung 6: Speichernutzung von QlikView[QV11b]

QlikView als Cloud-Installation

Wenn eine Software wie QlikView in der sogenannten „Cloud" abgelegt wird bedeutet das, das auf gemieteter Infrastruktur ein IT-System installiert und über einen Web-Browser oder eine Client-Anwendung darauf aus der Ferne zugegriffen wird. Diese Form des Cloud Computing bezeichnet man als *Infrastructure-as-a-Service* (IaaS). Daneben gibt es noch die Formen *Platform-as-a-Service*(PaaS) und *Software-as-a-Service*(SaaS). Als SaaS werden Dienste bezeichnet, in denen der Provider Hardware, Plattform und auch Anwendung administriert. Dem Nutzer wird dabei nur gestattet, die Anwendung mit anderen Nutzern zu teilen, ohne das aber die verschiedenen Parteien davon etwas bemerken[Vo12]. Für QlikView würde das bedeuten, dass ein Anbieter mehrere Nutzer die gleichen Daten analysieren lässt. Beispiele hierfür sind Infostrada Sports Group und CONTEXT, die zu bestimmten Branchen-Daten einen Analyse-Dienst anbieten, der im Hintergrund mit QlikView realisiert wurde.

Bei PaaS wird neben der Infrastruktur auch ein Betriebssystem und häufig eine Entwicklungsumgebung zur Verfügung gestellt. Allerdings kann der Nutzer nur über definierte Schnittstellen auf das System zugreifen. Diese Variante wird häufig für die Anwendungsentwicklung verwendet. Ein Szenario von QlikView in der Cloud ist, dass über Microsofts Azure-Dienst eine solche Plattform mit einem Betriebssystem bezogen wird und auf dieser QlikView installiert wird. Dabei hat der Provider sowohl für Hardware und Betriebssystem die Verantwortung und Kontrolle. Der Nutzer von PaaS nur die Kontrolle über die zu installierende Anwendung, also QlikView [QV12a].

Im folgenden Abschnitt wird nun das IaaS-Modell in Verbindung mit QlikView näher erläutert, da nur hier die Einflussmöglichkeiten auf die gesamte IT-Architektur gegeben sind. Diese sind nötig um das am Ende gewünschte Architekturmodell umsetzen zu können, je nachdem welche Komponenten in die Cloud verlagert werden und welche im eigenen Betlieb verbleiben, bzw. alle Komponenten in der Cloud liegen. QlikTech selbst beschreibt vier mögliche Modelle, die sich darin Unterscheiden, wie viele der zu analysierenden Daten bzw. ob überhaupt Daten in der Cloud gespeichert werden[QV12a]. Der Grund für dieses Vorgehen ist, die meisten Unternehmen die den Einsatz des Cloud Computing in Betracht ziehen, zum Teil auch berechtigte, Sorgen um die Sicherheit ihrer Daten haben. Besonders kritisch ist das bei Kundendaten, die mit zu den wichtigsten Daten eines Unternehmens gehören.

Im Modell, in denen die Daten weiterhin vollständig unter der Kontrolle des eigenen Unternehmens bleiben, sind der QlikView Server und Publisher in der Cloud. Der Nachteil dieses Modells ist aber, dass die gesamten Daten über das Netzwerk ausgetauscht werden müssen. Gerade bei großen Datenmengen oder langsamen Netzwerkverbindungen kann das zu längeren Wartezeiten führen. Ein anderes Extrembeispiel ist die Variante, in der alle Komponenten in der Cloud liegen[QV12a]. Es würden zwar alle Vorteile des Cloud Computing ausgenutzt, wie hohe Skalierbarkeit je nach Nutzung, Last und Datenvolumen. Aber man könnte unter Umständen nur Daten dort analysieren lassen, die vom Management nicht für kritisch befunden werden, was die Möglichkeiten für Analysten stark einschränken würde.

Neben diesen beiden gibt es noch ein weiteres Modell, welches versucht, einen Kompromiss zwischen Datensicherheit und den Vorteilen der Cloud zu erreichen. Die Daten, sowie der QlikView Publisher befinden sich im eigenen Betrieb, der QlikView Server dagegen liegt in der Cloud (siehe Abbildung 7) [QV12a]. Die Vorteile bei diesem Modell sind, dass weniger Daten ausgetauscht werden müssen, nämlich nur die komprimierten Daten. Weiterhin werden keine Daten persistent beim Provider gespeichert, sondern liegen dort im Arbeitsspeicher des Servers. Außerdem wird eine hohe Skalierbarkeit erreicht, die gerade für den QlikView Server von hoher Bedeutung ist, da dieser somit schnell auf sich ändernde Nutzerzahlen reagieren kann. Der Nachteil ist, dass ein Ziel des Cloud-Paradigmas nicht vollständig erreicht wird, nämlich das Outsourcing von Hardware-Ressourcen und großen File-Servern.

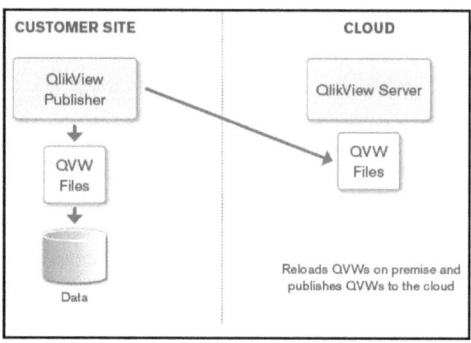

Abbildung 7: Mögliche Aufteilung der Komponenten im Cloud-Modell[QV12a]

Bewertung der Modelle

Der Betrieb im eigenen Rechenzentrum macht vor allem bei großen QlikView-Installationen Sinn, bei denen schon während der Planung bekannt ist, dass viele Nutzer gleichzeitig im System arbeiten. Da eine große Installation besonders viel Arbeitsspeicher benötigt, muss das System fast zwangsläufig selbst betrieben werden. Das liegt an den Obergrenzen der Cloud-Provider für die angebotenen Hardware-Ressourcen. So liegt das momentane Maximum an RAM für einen Server derzeit bei 68GB, angeboten von den *Amazon Web Services*[Ama]. Die Vorteile sind bei diesem Modell, das die volle Kontrolle über die eigenen Daten im eigenen Unternehmen liegt. Außerdem ist die Verfügbarkeit des Systems weniger abhängig von externen Faktoren, wie bspw. Internet- oder Cloud-Providern. Ein gravierender Nachteil ist dagegen, dass die Anpassung der Ressourcen anhand der Auslastung nicht so flexibel ist. Bei Auslastungsspitzen wird das langsamer arbeiten, aber im Großteil des laufenden Betriebs nur zu einem geringen Teil ausgelastet sein. Die Kosten für die Hardware bleiben aber gleich, egal ob hohe oder niedrige Auslastung.

Gerade in diesem Punkt hat das Cloud Computing seinen größten Vorteil. Es wird nur anhand der verbrauchten Ressourcen abgerechnet und je nach Bedarf können diese nach oben oder unten gesetzt werden. Dadurch entfällt auch jeglicher Aufwand für Anschaffung, Betrieb und Wartung der Infrastruktur. Der Nachteil dieser Variante ist allerdings, dass die Verfügbarkeit von Internet- und Cloud-Providern abhängig sind, sowie unter Umständen wichtige Unternehmensdaten nun unter der Kontrolle des Cloud-Anbieters liegen. Bei der Planung einer Cloud-Installation von QlikView sollte deshalb bedacht, das die Daten ggf. erst beim Aufruf der Applikation in die Cloud geladen werden, wodurch eine hohe Netzwerkbandbreite notwendig ist, um ein schnelles laden der Anwendung sicherzustellen. Es lässt sich schließlich sagen, dass Cloud-Dienste dann Sinn machen, wenn die Daten ohnehin schon dort liegen, was eher selten der Fall ist. Bei einer Architektur wie in Abbildung 7 ist zu überlegen, ob

17

die Datenmenge nicht zu groß für den Transport ist und ob nicht auch noch die Ressourcen für einen weiteren Server im eigenen Unternehmen da sind, da die anderen Teile des Systems ohnehin schon dort untergebracht sind.

3.4. Skalierbarkeit und Parallelität

Die meisten QlikView-Installationen sind zu Beginn sehr klein und nur für wenige Nutzer gedacht. Um später viele Nutzer und Anwendungen gleichzeitig unterstützen zu können, ist das Thema Skalierbarkeit sehr wichtig. Wie bereits erwähnt steigt mit jedem zusätzlichen Nutzer der Ressourcen-Bedarf linear an. Da aber heutige Server-Infrastruktur nicht bezahlbar ist, um hunderte konkurrierender User in vielen Applikationen gleichzeitig auf einem Server zu unterstützen, müssen verschiedene Maßnahmen zur Reduzierung der Komplexität bzw. deren Verteilung untersucht werden.

Eine Möglichkeit ist, für verschiedene Nutzergruppen unterschiedliche Detaillierungsgrade anzubieten, da nur wenige Anfragen auf Ebene eines einzelnen Datensatzes erfolgen. So können laut [QV11c] sowohl die Antwortzeiten als auch der Ressourcenverbrauch um den Faktor 5 bis 8 verringert werden. Der Nachteil hierbei ist, das mehr Anwendungen erstellt und aktuell gehalten werden müssen.

Die andere Variante ist, mit wachsendem Ressourcenbedarf die Datenverarbeitung auf mehrere physische Server zu verteilen. Entweder es erfolgt dann eine Unterteilung der Server anhand der Organisationstruktur des Unternehmens. Das könnte bedeutet, dass jede Abteilung bzw. Funktionseinheit einen eigenen QlikView-Server bekommt. An dieser Stelle werden dann aber zunehmende Redundanzen zum Problem, da viele Abteilungen auf die gleichen Anwendungen zugreifen. Auch können keine Vorteile aus bereits berechneten – und somit im Cache vorhandenen – Aggregaten gezogen werden. Wenn man nun statt der Unterteilung auf Funktionseinheiten einen „großen" logischen Server bereitstellt, der aus mehreren physischen Servern besteht, können diese Vorteile genutzt werden. Darüber hinaus können Vorteile aus der parallelen Verarbeitung der Daten gezogen werden. So können sowohl Berechnungen als auch SQL-Anfragen gleichzeitig auf mehreren Servern ausgeführt und die einzelnen Teile am Ende zu einem Ergebnis zusammengefügt werden [DB10]. Der Ablauf einer parallelen Verarbeitung ist dann folgendermaßen. Jeder Server bekommt einen Teil der Datenbank zugewiesen, den er anhand der Bedingungen des SQL-Statements untersuchen muss. Auf diesen Teilmengen wird dann anschließend die mathematische Operation durchgeführt und zuletzt übernimmt ein Knoten des Rechnerverbunds die Aufgabe die Teilergebnisse in ein Gesamtergebnis umzuwandeln. Dies verdeutlicht Abbildung 8, in der die Berechnung einer Summe auf vier Knoten dargestellt wird.

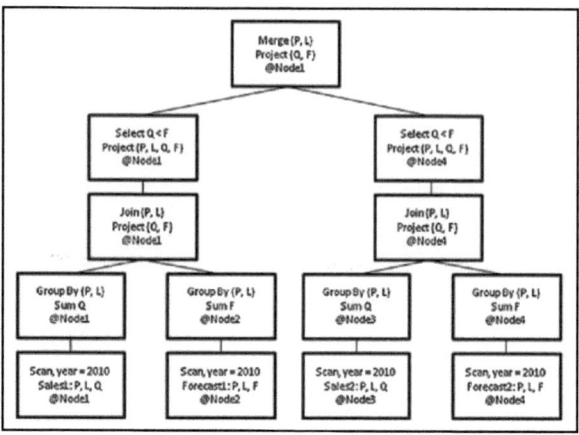

Abbildung 8: Beispiel einer parallelen Ausführung [PZ12]

Problematisch entwickelt sich dann aber der Ressourcenbedarf des Publisher. Da dieser dann für viele Anwendungen gleichzeitig Daten aus den Quellen laden muss, kann sich diese Komponente zum Flaschenhals entwickeln. Das kann nur vermieden werden, wenn dem Publisher eine ausreichende Anzahl an CPU-Kernen zur Verfügung gestellt wird – bestenfalls für jeden konkurrierenden Ladeprozess einen Kern. Der Grund dafür ist, das der Publisher in einem Ladeprozess den Kern zu 100% auslastet. Um solche Anwendungsszenarien besser zu unterstützen, stellt QlikView ein *Scalability Center* zur Verfügung [QV11c].

3.5. Integration externer Quellen

Um Daten aus anderen Systemen beziehen zu können, bietet QlikView eine Reihe an Konnektoren und anderen Techniken an um sowohl strukturierte, wie aus ERP- und CRM-Systemen, als auch unstrukturierte Daten importieren zu können. Einen Überblick über die integrierbaren Systeme liefert Abbildung 9.

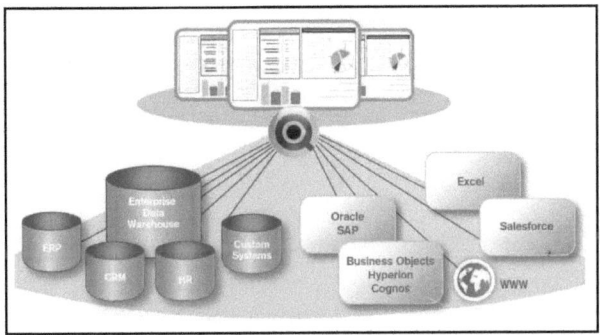

Abbildung 9: Integrierbare Datenquellen[QV11e]

Für das Einbinden strukturierter Daten existiert für QlikView ein Einrichtungs-assistent, mit dem sehr schnell Verbindungen zu datenbankbasierten Anwendungssystemen (ERP, CRM, …) hergestellt werden können. Dies geschieht über die *Open Database Connectivity*-Schnittstelle[QV11e]. Falls die zu integrierende Plattform keine ODBC-Schnittstelle besitzt werden, kommen sogenannte Konnektoren zum Einsatz, die direkt von QlikTech bereitgestellt werden. Bisher existieren solche Konnektoren für die *SAP Netweaver*-Plattform, sowie für die Cloud-CRM-Lösung *salesforce.com*. Ein besonderes Feature für die *salesforce*-Plattform ist ein Plug-in, welches erlaubt, die Auswertungen und Analysen direkt in der Online-Plattform anzeigen zu lassen. Damit müssen sich die User nur noch in einem System anmelden und müssen nicht zwischen mehreren Anwendungen wechseln. Aus der Netweaver-Plattform können neben den Analysedaten auch noch User- und Berechtigungsdaten bezogen werden, was erlaubt, die Zugriffsrechte auf bestimmte Daten mit denen des SAP-Systems abzugleichen. Um auch Daten aus sozialen Netzwerken und anderen Web-Quellen einbeziehen zu können, haben Entwickler weitere Konnektoren entwickelt. Somit können auch Daten aus Facebook, iTunes, YouTube und vielen anderen in die Analysen einbezogen werden[QVb]. Desweiteren können über *QlikView Data Exchange* auch Daten aus Web-Services, Excel-Dateien und CSV-Dateien importiert werden. Dazu werden diese Daten in einer XML-artig aufgebauten QVX-Datei gespeichert und von dieser in QlikView integriert[QV11e].

4. Bewertung von QlikView

Nachdem die technischen und teilweise auch wirtschaftliche Aspekte betrachtet wurden, erfolgt nun die Beurteilung der positiven und negativen Gesichtspunkte von QlikView. Außerdem wird ein Vergleich mit ähnlichen und konkurrierenden Software-Produkten vollzogen.

4.1. Vorteile

Technologisch betrachtet ist QlikView ein Vorreiter in der Nutzung der In-Memory-Technik. Bereits seit Ende der 90er Jahre wird mit diesem Konzept gearbeitet, wodurch die Mechanismen für die Reduktion der Daten und Ladevorgänge, sowie der Entwicklung und Nutzung der Anwendungen, sehr ausgereift sind. Auch hat es andere Trends und Anforderungen in neuere Versionen mit eingebaut und ist somit auch für Aufgaben, die bei Beginn des QlikView-Projektes nicht absehbar waren, geeignet. Das betrifft das Thema Cloud Computing, in dem mehrere Architektur-Alternativen bereitgestellt werden, wie auch das Thema Integration. Besonders Web-Integration aus Quellen, die nicht vorrangig einen Business-Bezug haben, wie soziale Netzwerke, stehen dabei besonders im Fokus und ermöglichen Unternehmen neue Einblicke, die aus internen Daten nicht zu gewinnen sind.

Weiterhin berichten Kunden von großen, nicht monetär bemessbaren, Gewinnen durch die Nutzung von QlikView, weil bessere Informationen mehr Nutzern zur Verfügung gestellt werden können. Ein großes Kriterium für die Wahl ist, das es intuitiv und einfach zu bedienen ist für die Endnutzer. 68% der Kunden haben es vor allem deshalb ausgewählt – damit ist es Spitze im Bereich Usabiltity. Aber auch in anderen Aspekten ist es überdurchschnittlich gut gegenüber anderen BI-Tools – unter anderem in puncto Entwicklungsumgebung, Anbindung mobiler Geräte und Visualisierung[Ga12]. Doch auch in Zahlen kann man die Vorteile gegenüber anderen BI-Tools bemessen. So sind die Kosten für die Erstellung von Anwendungen mit Analysen, Reports und Dashboards deutlich geringer als die anderer Anbieter (Abbildung 10). Das liegt wiederum an der Benutzerfreundlichkeit, hier besonders bei der Erstellung von Applikationen. So sind dafür nur selten teure IT-Mitarbeiter nötig, denn die meisten Analysen können durch die Endnutzer selbst erstellt werden[AG10].

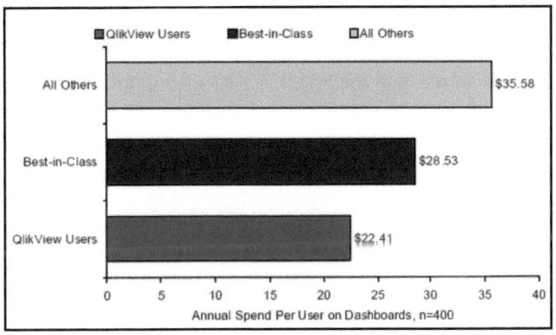

Abbildung 10: Kosten für Analysen pro Nutzer[AG10]

4.2. Nachteile

Gerade für große Unternehmen ist QlikView nicht unbedingt erste Wahl, was daran liegt, das in solchen Firmen eine Unmenge an Systemen und Datenvolumen existieren. Eine solche Menge an Daten, verbunden mit einer ebenso hohen Nutzerzahl, würden eine QlikView-Installation sehr kostspielig in Bezug auf die benötigten Ressourcen machen. Weiterhin könnte die Performance der Applikationen noch weiter erhöht werden, wenn die Daten spaltenweise organisiert wären. Berechnungen könnten dadurch noch schneller abgearbeitet werden. Allerdings würde die Reorganisation der Daten nach der Extraktion – die meist aus zeilenorientierten Systemen erfolgt – lange dauern. Um die Daten hochaktuell zu halten (quasi in Echtzeit), ist ein hohe Frequenz an Ladevorgängen nötig. Diese belasten die Live-Systeme sehr stark, da auf diesen – neben den Ladevorgängen – auch noch die operativen Tätigkeiten ablaufen.

Ein weiterer Aspekt ist das Lizenz- und Preismodell, welches im Vergleich zu anderen Anbietern kostenspieliger ist[Ga12]. Weitere Kosten entstehen für die Lizenzen für das Server-Betriebssystem. Da QlikView nur die Installation auf Microsoft-Systemen unterstützt sind diese wiederum auch sehr hoch, verglichen mit Server-Betriebssystemen von Open-Source-Anbietern[QV11d].

In letzter Zeit berichen Nutzer auch über eine – auf das gesamte System bezogene – schlechtere *User Experience*. Dabei wird vor allem über eine schlechtere Produktqualität und Support geklagt. Das lässt darauf schließen, das sich der erhöhte Wettbewerb im Bereich der In-Memory-BI-Anwendungen auch bei QlikTech bemerkbar macht[Ga12].

4.3. Vergleich mit konkurrierenden BI-Tools

In den letzten beiden Jahren sind mit SAP HANA und Exalytics von Oracle weitere BI-Tools auf dem Markt, in denen die Daten vollständig im Hauptspeicher analysiert werden. Hizu kommt noch eine Vielzahl anderer Systeme die im selben Kontext verwendet werden können, an dieser Stelle aber nicht betrachtet werden können.

Bei Exalytics handelt es sich um eine Sammlung verschiedener bestehender Oracle-Produkte, die zusammengesetzt ein In-Memory-BI-Tool ergeben. Die Daten werden aus verschiedenen Quellsystemen geladen und anschließend im Hauptspeicher abgelegt, ohne das Datenschema zu ändern. Dieser Aufbau hat diverse Nachteile gegenüber den Systemen von QlikView oder SAP [BI12]. Der Vorteil davon ist, das existierende Anwendungen, Datenbanken, etc. direkt übertragbar sind, ohne Änderungen oder Optimierungen an bestehenden Applikationen durchführen zu müssen.

SAP versucht mit HANA eine neue Infrastruktur und Design für Datenbanken zu etablieren. Ziel bzw. Grundgedanke ist, ein eigenständiges In-Memory-DBMS für die Echtzeit-Analyse operationaler Daten bereitzustellen. Dadurch ist es nicht von den Daten anderer Quellsysteme abhängig - wie QlikView oder Exalytics - sondern ist selbst die Quelle der zu analysierenden Daten[BI12]. Jedoch kann es bei Bedarf mit anderen Quellsystemen verbunden werden, um dessen Daten mit einzubeziehen. Weil es selbst als Mischung aus OLAP- und OLTP-System gedacht ist, verbietet sich eigentlich ein Vergleich mit Produkten wie QlikView und Exalytics. Doch bisher wurden Implementierungen meist dazu genutzt, um OLAP-Queries zu beschleunigen - wie QlikView - und nicht um eine gemischte Plattform zu Realtime-Analyse zu schaffen [BI12]. Im Kern wird bei HANA auch auf die In-Memory-Technik gesetzt, aber statt zeilenorientiert werden die Daten spaltenorientiert im Speicher angeordnet. Das hat den Nachteil, das, wenn Daten aus operativen Systemen in HANA geladen werden, eine aufwändige Reorganisation notwendig wird. Außerdem sind bestehende Programme unter Umständen nicht direkt übertragbar und benötigen eine Überarbeitung, bspw. um die Parallelverarbeitung besser zu unterstützen [We12]. Diese Probleme nimmt SAP in Kauf, weil mittelfristig alle OLTP- und OLAP-Daten in einem Datenbestand vereinigen will. Ein erster Prototyp für dieses System ist die SanssouciDB. Deren Konzepte für Speicherung, Komprimierung, Parallelverarbeitung, sowie Abfrage und Indizierung der Daten werden in [PZ12] beschrieben. QlikView ist stattdessen ein reines Analyse-Tool, das Daten aus bereits existierenden Datenbanken untersucht und dabei auf die bereits erwähnte virtuelle Datenintegration setzt.

QlikView kann man gut mit dem Produkt von Oracle vergleichen, da die Struktur relationaler Datenbanken beibehalten wird und zwingend externe Quellsysteme wie ERP-,CRM- oder DWH-Systeme notwendig sind. Die Vorteile gegenüber Exalytics hat QlikView im Bereich der Datenkomprimierung [DV11] – Faktor 5 bei Exalytics, Faktor

10 bei QlikView – und der besseren User Experience[Ga12]. Der Vergleich mit SAP HANA ist dagegen schwierig, da andere Technologien und Einsatzszenarien vorgesehen sind. Wenn beide als *Performance Booster* für bestehende Data Warehouses verwendet werden, hat QlikView Vorteile bei der Implementierung, da HANA momentan nur als Appliance verkauft wird und somit wahrscheinlich keine bestehende Hardware verwendet werden kann. Weiterhin hat QlikView den Vorteil, das bestehende Schemata beibehalten und somit der Ladeprozess deutlich schneller ablaufen kann, da die Daten nicht transformiert werden müssen. Wenn das Anwendungsszenario aber eine Echtzeit-Analyse von operativen Daten vorsieht, so ist HANA im Vorteil, da die Daten bereits im Hauptspeicher liegen und nicht erst aus externen Quellen geladen werden müssen [BI12]. Mit QlikView ist nur eine *Near-Realtime* Analyse möglich, da die Daten erst aus dem operativen Datenbestand geladen werden müssen und der Aktualisierungsintervall der Daten beschränkt ist (auf eine Minute).

5. Schlussbetrachtung

Bei der Erstellung dieser wurde Arbeit versucht, möglichst viele unabhängige Quellen mit einzubeziehen. Allerdings ist das bei einer propietären Software sehr schwierig. Gerade bei der Untersuchung interner Verfahren und Techniken der Anwendungen sind die Informationen spärlich und kommen dann meist vom Hersteller selbst. Trotzdem wurden einige Quellen gefunden, mit denen eine kritische Reflektion der betrachteten Anwendung möglich war.

Trotzdem konnte dieser Arbeit deutlich gemacht werden, wie QlikView – als Vorreiter der Nutzung In-Memory-Technik im Bereich Business-Intelligence – aufgebaut ist und welche Unterschiede zur Referenzarchitektur von Business-Intelligence-Systemen bestehen. Dabei sind die charakteristischsten Unterschiede zur Referenzarchitektur, das die Daten vollständig im Hauptspeicher gehalten werden, sowie das keine persistente Datenhaltung von QlikView bereitgestellt wird, sondern diese von anderen IT-Systemen übernommen werden muss. Es wurde weiterhin gezeigt, das neben den Analyse-Daten, auch noch User- und Session-Daten gespeichert werden, um die Abfragen zu beschleunigen. Ein weiterer Punkt dieser Arbeit war wie die Daten organisiert werden und wie die Daten von QlikView komprimiert werden können um den benötigten Speicherplatz bis um den Faktor 20 reduzieren zu können.

Bereits im ersten Teil der Arbeit wurden Grundlagen, wie die Referenzarchitektur für Business-Intelligence-Systeme, sowie die Prinzipien des In-Memory-Ansatzes und die Untersschiede zwischen spalten- und zeilenorientierter Speicherung erläutert. Es konnte zudem gezeigt werden, das neben dem Betrieb von QlikView im eigenen Rechenzentrum, die Auslagerung von Teilen der Infrastruktur in eine Cloud-Umgebung in bestimmten Szenarien eine geeignete Variante ist um die Kosten zu reduzieren.

Anschließend wurden die Vor- und Nachteile von QlikView aufgezeigt. Als entscheidende Faktoren für die Wahl von QlikView waren bisher, die hervorragende User Experience und die einfache Erstellung von Reports. Diese Punkte waren ausschlaggebend dafür, das sich trotz Nachteilen, wie der Zwang zur Verwendung von Server-Produkten von Microsoft, nicht negativ auswirkten.

Spannend wird in Zukunft die Frage sein, wie neue BI-Lösungen wie SAP HANA, auf die Entwicklung von QlikView Einfluss haben werden, aber auch welche Auswirkungen die Verbreitung von In-Memory-BI-Tools und In-Memory-DBMS auf die bestehenden Data-Warehouse-Systeme und Analysewerkzeuge haben wird.

Literaturverzeichnis

[AG10]   Aberdeen Group (August 2010). *Research Brief - QlikView Customer outperform the Best-in-Class with Dashboards.* Abgerufen am 8. Dezember 2012 von www.tahola.co.uk/media/8839/aberdeen_-_qlikview_customers outperform best in class pdf

[Ama]   Amazon Web Services (n.d.). *Instance-Typen*: Abgerufen am 05. Dezember 2012 von: http://aws.amazon.com/de/ec2/instance-types/

[BG09]   Bauer, A., Günzel H. (2009). *Data-Warehouse-Systeme – Architektur, Entwicklung, Anwendung.* Heidelberg: dpunkt.verlag.

[BI12]   BI-Quotient (27. November 2012). *Exadata, Exalytics, SAP HANA and the multi billion dollar question.* Abgerufen am 18. März 2013 von: http://www.business-intelligence-quotient.com/?p=1727

[DB10]   DBMS2 (2010). *The Underlying Technology of QlikView.* Abgerufen am 29. November 2012 von: www.dbms2.com/2010/06/12/the-underlying-technology-of-qlikview/.

[Dr10]   Driver, E. (2010) *A Conversation with QlikView Architect Håkan Wolgé.* Abgerufen am 28. November 2012 von: http://community.qlikview.com//blogs/theqlikviewblog/2010/11/11/a-conversation-with-qlikview-architect-h-229-kan-wolg-233.

[DV11]   Data Visualization (8. Oktober 2011). *Oracle Exalytics In-Memory Machine.* Abgerufen am 18. März 2013 von: http://apandre.wordpress.com/2011/10/08/exalytics/

[Ga12]   Gartner Inc. (2012). *Magic Quadrant for Business Intelligence Platforms.* Abgerufen am 28.11.2012 von Gartner Research: www.gartner.com/technology/reprints.do?id=1-196VVFJ&ct=120207.

[Ke07]   Kemper, H.-G., et al. (2006). *Business Intelligence – Grundlagen und praktische Anwendungen.* Wiesbaden: Vieweg.

[LN06]   Leser, U., Naumann, F. (2006). *Informationsintegration.* Heidelberg: dpunkt.verlag.

[Pl09]   Plattner, H. (2009). *A Common Database Approach for OLTP and OLAP Using an In-Memoy Column Database.* SIGMOD'09. New York, NY, USA: ACM.

[PZ12]   Plattner, H., Zeier A. (2012). *In-Memory Data Management – Technology and Application.* Dordrecht: Springer Verlag.

[QV11a]   QlikView (September 2011). *QlikView Architectural Overview.* Abgerufen am 27. November 2012 von QlikView White Papers: http://www.qlikview.com/us//~/media/Files/resource-library/global-us/register/whitepapers/qlikview11/WP-QlikView-Architectural-Overview-EN.ashx.

[QV11b]   QlikView (April 2011). *QlikView Architecture and System Usage.* Abgerufen am 27. November 2012 von QlikView - Technical Briefs: http://www.qlikview.com/us//~/media/Files/resource-library/global-us/direct/datasheets/ DS-Technical-Brief-QlikView-Architecture-and-System-Resource-Usage-EN.ashx.

[QV11c]   QlikView (April 2011). *QlikView Scalability Overview.* Abgerufen am 27. November 2012 von QlikView Technology White Paper Series:www.qlikview.com/us//~/media/Files/resource-library/global-us/register/whitepapers/WP-QlikView-Scalability-Overview-EN.ashx.

[QV11d]   QlikView (2011). *QlikView System Requirements.* Abgerufen am 8. Dezember 2012 von www.qlikview.com/de//~/media/Files/resource-library/global-us/direct/datasheets/qlikview11/DS-QlikView-11-System-Requirements-EN.ashx.

[QV11e]   QlikView (Juni 2011). *QlikView Integration Overview.* Abgerufen am 10.12.2012 von: www.qlikview.com/us//~/media/Files/resource-library/global-us/register/whitepapers/WP-QlikView-Integration-Overview-EN.ashx

[QV12a]   QlikView (Juli 2012). *QlikView in the Cloud.* Abgerufen am 04. Dezember 2012 von QlikView White Papers: www.qlikview.com/de//~/media/Files/resource-library/global-us/register/whitepapers/WP-QlikView-in-the-Cloud-EN.ashx.

[QVa]   QlikView (n.d.). *Company Profile.* Abgerufen am 01. Dezember 2012 von: www.qlikview.com/us/company.

[QVb]   QVSource (n.d.). *Connectors.* Abgerufen am 06. Dezember 2012 von: www.qvsource.com/Other-QlikView-Connectors, aufgerufen am 06.12.2012

[Ra99]   Rahm, E. (1999). *Datenbanksysteme – Konzepte und Techniken der Implementierung.* Berlin: Springer Verlag.

[We12]   Weiss, H. (09. Juli 2012). *Hana vs. Exalytics – Ein Verglich von Äpfeln und Birnen*. Aufgerufen am 22.Dezember 2012 von: www.silicon.de/41569106/hana-vs-exalytics-ein-vergleich-von-apfel-mit-birnen/.

[Vo12]   Vossen, G. (2012). *Cloud Computing*. Heidelberg: dpunkt.verlag.